AF299461

NOTICE

SUR

LES OPÉRATIONS DE L'ARMÉE FRANÇAISE

DANS LA PROVINCE DE CONSTANTINE,

Pendant le cours de l'année 1843.

Il y a moins d'un an, on était généralement convaincu, en France, qu'après la prise de Constantine, toute la province avait subi le sort de la capitale ; on croyait que cette partie de la régence était complétement soumise ; et, à en juger par les rapports annexés aux budgets, l'administration même semblait partager cette erreur. Aussi dut-on s'étonner grandement quand le général Baraguey-d'Hilliers prit le gouvernement de la province, de voir la guerre recommencer. On put penser que l'excès de zèle du nouveau général, son trop d'activité, son ambition personnelle, avaient fait naître ces hostilités ; il n'en était rien cependant. A l'exception du petit rayon soumis autour de Guelma, où la haine entre les Kabyles possesseurs et les Arabes dépossédés était la base de notre domination, notre autorité régnait seulement sur une partie des plaines de la province, et toutes les montagnes refusaient de la reconnaître. Plusieurs fois, il est vrai, nous avions tenté de nous étendre, et de châtier ces tribus insoumises, que les prédications de quelques marabouts exaltés soulevaient à chaque instant contre nous, et qui venaient alors couper nos lignes de communication avec la mer, assiéger nos camps, brûler les faubourgs de nos villes, ou rançonner les tribus soumises ; mais toujours nos efforts avaient échoué. Prolonger un tel état d'indécision, c'était encore aggraver le mal, c'était tromper la France et faire l'aveu de notre impuissance aux yeux mêmes des Arabes. M. le gouverneur-général et le commandant de la province le sentirent également : aussi M. le général Bugeaud pressa-t-il le général Baraguey-d'Hilliers d'entreprendre la guerre, et ce dernier, à peine investi du commandement, ouvrit la campagne le 12 février. En attendant que la relation de ces expéditions puisse être publiée, dans l'intérêt de la vérité, nous allons en tracer un exposé rapide, qui permette d'entrevoir la manière dont elles ont été conduites, ainsi que les résultats politiques et financiers qu'elles ont amenés.

Dans son premier rapport, en date du 22 février, le général Baraguey-d'Hilliers avait fait envisager comment il concevait les opérations militaires de la province ; il y disait qu'avant tout il fallait attaquer la ligne des Zerdezas, et soumettre ce chaînon intermédiaire de la résistance kabyle qui de la frontière d'Alger s'étendait à celle de Tunis, interrompait notre communication avec la mer, et servait de refuge à nos ennemis ; qu'après cela il fallait attaquer et soumettre l'Edough, afin de dégager Bône de toute préoccupation, et d'employer les troupes de cette garnison à des efforts combinés sur d'autres points.

Telle devait être la première période des opérations de la division ; elle s'effectua du 12 février au 14 mars.

La seconde devait avoir pour but, ou de marcher vers l'Est, de détruire El-Hasnaouy et de faire reconnaître notre autorité jusqu'à la frontière de Tunis, ou d'assurer la gauche de notre ligne de communication avec la mer en soumettant les tribus kabyles placées entre la route de Philippeville et Collo. M. le gouverneur-général pensa qu'il fallait donner la préférence à cette dernière opération, et ce fut d'après ses ordres que le 6 avril nous entreprîmes l'expédition de Collo, qui s'acheva le 14 mai.

Enfin, la troisième période devait amener la soumission des Ouled-D'Hann et des Hanainchas, qui tenaient constamment la subdivision de Bône en échec, et empêchaient la perception de l'impôt chez les Haractas. Commencée six jours après la rentrée des troupes de Collo, le 20 mai, elle fut complétement achevée le 1er août.

Ainsi, à l'exception de vingt-six jours, qu'elles furent arrêtées par le mauvais temps, ou qu'elles employèrent à se ravitailler, les troupes de la division tinrent la campagne du 12 février au 1er août, c'est-à-dire pendant près de six mois.

PREMIÈRE PÉRIODE.

Expédition des Zerdezas.

Afin d'envahir simultanément les montagnes des Ouled-Djebara, des Ouled-Lakal et des Zerdezas, qui occupent l'espace compris entre nos lignes de communication sur Bône et sur Philippeville ; afin de diviser les forces de l'ennemi, d'attirer son attention sur plusieurs points, de rejeter sur une de nos colonnes les Kabyles chassés par une autre colonne, de manière à ne laisser aucune issue, le général Baraguey-d'Hilliers prescrivit au capitaine Tourville, commandant de Guelma, de se porter avec 800 hommes au débouché des gorges des Djebel-Debach et Djebel-Mtaya ; aux colonels Senilhes et Barthélemy, commandants des subdivisions de Bône et de Philippeville, de réunir toutes leurs forces et de se porter sur Souk-El-Sebt, centre de la contrée, le premier par Kessemtina-Kadima et la gorge d'El-Masseur, le second par El-Arrouch et Souk-El-Kramis, tandis que de son côté, après avoir soumis les Ouled-Djebara, le général arriverait au même point en descendant la vallée de l'Oued-Zahn. Cette combinaison réussit. Le capitaine Tourville reçut la soumission des tribus de l'Est de ce pâté de montagnes. Les Ouled-Lakal, dont El-Mahouy était le chef, se rendirent au colonel Senilhes; le colonel Barthélemy battit les Zerdezas en plusieurs rencontres; et la colonne de Constantine, après avoir vaincu les Ouled-Djebara jusqu'au sommet du Kef-Haouenner, leur citadelle, arriva au rendez-vous au jour fixé.

La ligne des Zerdezas était rompue; toutes les tribus, simultanément attaquées et vaincues, demandaient la paix. Le général la leur accorda; mais, afin de l'assurer à l'avenir, il reconstitua le pouvoir dans les mains d'El-Mahouy-Ben-Lakal, ancien cheik du pays, qui donna comme gage de sa fidélité son fils et son neveu en otages. 1,000 bœufs et 50 mulets furent immédiatement payés à titre de contribution de guerre, 1,000 autres bœufs et 150 mulets durent être versés par la suite à Constantine.

La soumission des montagnes des Zerdezas n'était encore que la première moitié de la tâche que le général s'était imposée; il voulait réduire l'Edough afin de n'avoir plus à craindre pour Bône quand il retirerait les troupes de cette ville pour les porter dans l'Ouest. Le lendemain donc du paiement de la première moitié de la contribution, le général ordonna aux colonnes de Bône et de Philippeville de se

rendre chacune à leur point de départ, de s'y pour-
voir de vivres, et de se diriger sur l'Edough, tandis
qu'avec la colonne de Constantine, il se porterait sur
le marabout d'Abd-El-Selam, placé au centre et au
pied de ce massif de montagnes, d'où, en appuyant à
droite ou à gauche, il prêterait également appui à chacune de ses ailes.

La crête de l'Edough est presque toujours très rap-
prochée de la mer ; de ce côté la pente en est très
raide, tandis que ses contre-forts les plus grands et
tout à la fois les plus accessibles sont vers la plaine.

Comme dans les Zerdezas, le général n'avait plus
ici à envelopper simultanément toute une contrée, à
l'envahir sur tous les points à la fois ; les Kabyles de
l'Edough renfermés entre la mer et la division devaient
être attaqués et successivement délogés de leurs posi-
tions dans d'étroites limites entre la mer et nous ; il
leur fallait ou mourir ou se rendre.

Dans ce but, le général prescrivit à la colonne de
Bône de gravir la crête de l'Edough, de se prolonger
sur cette crête, et d'y soumettre les tribus que la colonne de Constantine y aurait fait fuir, jusqu'à ce
que, arrivée aux Arba-Aouanne, et se trouvant en ligne
avec la colonne de Constantine et de Philippeville qui
devait se rapprocher de la plaine des Beni-Mehamed,
les trois colonnes, en se portant simultanément de
front et en avant, acculassent les Arabes aux gorges de
Sidi-Akacha et du cap de Fer.

Ce mouvement, d'abord retardé par les difficultés
que les troupes des ailes eurent à surmonter, à droite,
par l'aspérité du terrain, à gauche, par la profondeur
des marais, s'exécuta cependant. Pressés de tous côtés,
attaqués de front et de flanc, s'échappant difficilement

entre nos colonnes, les Arabes poussés sur les monticules boisés du bord de la mer, se réfugièrent dans des rochers inaccessibles et dans le marabout de Sidi-Akacha. Nous crûmes un instant qu'ils avaient l'intention de se rendre : ils en firent même la proposition ; et le feu avait cessé des deux côtés, quand, profitant de cette espèce de trève, l'un d'eux s'approcha d'un des nôtres et le tua par derrière. Un acte d'aussi mauvaise foi exaspéra les troupes. Aussitôt l'attaque commença sur tous les points ; forcés, battus, traqués de rocher en rocher, les Kabyles furent jetés à la mer. Le marabout de Sidi-Akacha, enlevé par le bataillon de tirailleurs indigènes, nous livra les drapeaux sous lesquels se rangeaient les tribus à l'appel de Si-Zerdoud ; enfin, pour compléter le succès, ce fanatique, l'âme de toutes les insurrections, et dont le nom seul soulevait ces montagnes, fut tué dans un ravin.

Ainsi se termina la première période de nos opérations. Toutes les tribus attaquées s'étaient soumises, toutes avaient payé des contributions en nature ou en argent ; à la date du 14 mars, il était entré dans les parcs de l'État pour plus de 150,000 fr. de bestiaux : mais l'hiver était revenu, et, pour retrouver leurs camps, les troupes eurent à lutter contre un ennemi bien plus dangereux que les Arabes. Assaillies par une grêle incessante, ayant à traverser des marais devenus impraticables après une pluie de quelques jours, rencontrant à chaque pas des rivières débordées, des ruisseaux changés en torrents, toujours dans la boue et par un froid intense, les troupes, grâce à leur excellent moral, à leur abondante nourriture, à leur confiance en leurs officiers, surmontèrent gaiement ces obstacles, et revirent leurs cantonnements sans laisser personne en arrière. 40 hommes au plus accrurent le chiffre des malades de l'hôpital.

DEUXIÈME PÉRIODE.

Expédition de Collo.

Les montagnes des environs de Collo sont habitées par une race d'hommes forts et vigoureux, d'une indépendance proverbiale, et qui plusieurs fois surent défendre victorieusement leur liberté par les armes. Ces contrées fournirent toujours de nombreuses recrues à nos ennemis. C'est de leur sein que sortaient ces bandes audacieuses qui non seulement incerceptaient nos routes, mais encore portaient le meurtre et le pillage dans les murs mêmes de nos établissements. Trois fois, à différentes époques, on avait essayé d'aborder cet âpre et difficile pays, et toujours on avait été repoussé avec des pertes nombreuses ; il semblait que ce labyrinthe de gorges et de défilés fût une barrière insurmontable dont l'accès devait être toujours victorieusement défendu, autant par la valeur des habitants que par les difficultés du terrain. Cependant, bien résolu de le soumettre, le général l'attaqua sur trois points différents : d'abord de front, afin de pénétrer au cœur même du pays et jusqu'au point où il pouvait se ravitailler par mer ; puis ensuite en se portant à gauche avec la plus grande partie de ses forces, pour combattre les Kabyles réunis à leurs coréligionnaires de l'Ouest, tandis qu'une autre colonne, parcourant les tribus restées en arrière, en amènerait la soumission. D'après ce projet, le colonel Barthélemy, avec la première colonne, partit de Philippeville, gravit les montagnes des Beni-Mehenna, battit les

Kabyles à Souk-El-Kramis, marcha jusqu'à Souk-El-Sebt, d'où, rétrogradant sur les Taabna, les Medjedjah et les Beni-Isahaq qu'il soumit, il vint battre les Beni-Ouelben, les Beni-Sbiah, ainsi que les Ouled-El-Hadj, et les força à demander l'aman.

La deuxième colonne, partie de Bône sous les ordres du lieutenant-colonel Bultafocco, se recruta du 3ᵉ bataillon d'Afrique à El-Arrouch, suivit la vallée de l'Oued-Guebli, força le passage d'El-Hammam défendu par les Beni-Bou-Naïm, rallia la colonne de Constantine sous les murs de Collo, s'en sépara un instant pour aller lui chercher des vivres, et la rejoignit à Zadra, pour ne plus la quitter jusqu'à la fin de la campagne.

La troisième colonne, formée des troupes de Constantine, entra dans les montagnes par le Tlêta et le défilé d'Hadjar-Srouk, s'enfonça à gauche chez les Beni-Salah, força le Djebaïl, et, toujours en combattant, arriva à Collo le 10 avril; elle y reçut la soumission des Beni-Isahaq, des Hachaiches, des Ouled-Bou-Aziz et des Jehaoua. Elle quitta Collo pour se rendre à Zadra chez les Beni-Toufout; elle y trouva les tribus réunies, leur livra combat les 15, 16, 18 et 19 avril, puis revint à Collo pour s'y ravitailler et y déposer ses blessés. Un instant arrêtée par le débordement des rivières, elle les franchit, se porta de nouveau chez les Beni-Toufout et les Beni-Salah, obtint la soumission de cette dernière tribu et de deux fractions des Beni-Toufout, marcha contre celles restées insoumises et leurs alliés, les battit complétement à Drionat, le 2 mai, reçut la soumission de Ben-Ameras, de Ben-Guermouss, celle des Ouled-El-Hadj, et rentra à Constantine le 14.

Pendant toute cette expédition, jusqu'au combat du 2 mai, après lequel l'ennemi ne reparut plus, les troupes eurent à déployer, dans des engagements continuels, l'ardeur et la fermeté dont elles avaient toujours fait preuve. Jour et nuit assaillies par un ennemi nombreux, brave et entreprenant, elles le vainquirent dans toutes les circonstances, le forcèrent à demander la paix, à livrer comme otages les frères mêmes des cheiks de toutes les tribus, et à payer 26,000 francs d'impôt pour les frais de la guerre.

TROISIÈME PÉRIODE.

Expédition des Hanainchas.

Le général n'avait pas encore terminé l'expédition de Collo que, portant son attention vers l'Est, il résolut de soumettre les Ouled-D'Hann et El-Hasnaouy, et de lever l'importante contribution des Haractas.

Les Hanainchas et les Ouled-D'Hann réunis, commencent à 8 lieues à l'est de Guelma et s'étendent jusqu'à la frontière de Tunis; au nord, leur pays est couvert de montagnes boisées d'un difficile accès, coupées de ravins profonds et escarpés; au sud sont des plaines immenses.

El-Hasnaouy avait rallié à lui toutes les tribus dissidentes de l'Est. A la tête d'une cavalerie nombreuse et bien montée, libre de tous ses ennemis, dont il s'était débarrassé par le fer ou le poison, s'appuyant sur le Kiaia du Kef dont il avait gagné l'amitié, ce chef, après avoir été un instant soumis à la France, avait enfin déserté notre cause. Profitant de notre pacifique immobilité, il travaillait activement à centraliser entre ses mains l'autorité et la résistance par les mêmes moyens qu'avait employés Abd-El-Kader dans la province d'Oran. Ce n'étaient plus ici, comme à Collo, des tribus libres et indépendantes se réunissant pour combattre; les Hanainchas avaient un maître, et c'était ce pouvoir qu'il fallait atteindre ou mettre en fuite, et remplacer par une autorité dévouée à notre cause.

Le plan du général fut d'attirer l'attention de l'ennemi, en le faisant attaquer de front et sur son flanc droit, tandis que par un autre mouvement il lui couperait la retraite.

En conséquence, la colonne de Constantine aborda les Ouled-D'Hann; celle de Guelma, commandée par le colonel Herbillon, pénétra chez les Ksenna, et le colonel Senilhes, avec la colonne de Bône, se dirigea sur Souk-Harras, en remontant la Cheffia.

Un instant on put croire au succès complet de ces combinaisons: El-Hasnaouy combattit franchement les troupes de Constantine et de Guelma; mais bientôt, prévenu de l'éminent péril qui le menaçait par la marche du colonel Senilhes sur ses derrières, il s'enfuit assez à temps pour dépasser Souk-Harras, peu d'heures avant que nos troupes y arrivassent.

La fuite du maître laissa les tribus sans direction; les Ouled-D'Hann et toutes les tribus renfermées entre nos trois colonnes se soumirent après quelque résistance; les autres suivirent El-Hasnaouy dans l'Est, ou se réfugièrent dans le Sud.

Le général jugea, d'après ces premiers résultats, qu'il pouvait achever tout à la fois la soumission des Hanainchas, et lever l'impôt des Haractas. Pour procéder à cette dernière opération, il détacha de la colonne de Constantine deux bataillons, deux escadrons, le kalifa et presque toute la cavalerie arabe, sous les ordres du commandant Laïty, et les dirigea sur Gourmat, tandis qu'avec le reste de ses troupes et les colonnes de Guelma et de Bône, il marcha de front vers la frontière de Tunis.

Déjà une partie des tribus Hanainchas, à la suite d'El-Hasnaouy, avait dépassé cette limite; une autre partie, voisine des montagnes de Frina, s'était jetée dans ce massif, dont les pentes abruptes et coupées de profonds ravins pouvaient les mettre à l'abri de nos coups. Les Ouled-Moumenn, les Ouled-Messaoud, les Ouled-Dia étaient du nombre.

Ces tribus, attaquées par les colonnes de Bône et de Guelma, se soumirent après deux engagements successifs. Les Ouled-Krijar, et quelques autres tribus de la plaine se rendirent à la colonne de Constantine.

Les Hanainchas, depuis le départ d'El-Hasnaouy, n'avaient plus de chef auquel ils pussent se rallier; le général leur donna pour cheik Mohamed-Salah-Ben-Habby-El-Chabby, neveu de Resgny, l'ancien compétiteur d'El-Hasnaouy.

Il restait à consolider ce pouvoir nouveau, à obliger les tribus émigrées à rentrer dans la province, à réduire la partie insoumise du cercle de La Calle, ainsi que les Ouled-Iaïa-Ben-Taleb et les Ouled-Siouan, qui, seuls dans le Sud, n'avaient pas demandé l'aman.

Le général ordonna au colonel Senilhes de se diriger vers le nord et de marcher sur La Calle, au colonel Herbillon de rester dans le pays pour soutenir notre nouveau cheik, tandis qu'avec la colonne de Constantine il se porterait dans le sud.

Le colonel Senilhes allait atteindre son but sans coup férir, quand les tribus tunisiennes, encourageant les tribus insoumises de leurs conseils et de leurs armes, vinrent combattre sa colonne. D'abord il les repoussa en leur faisant éprouver des pertes nombreuses; mais, la politique et les réclamations de notre consul de Tunis leur venant en aide, il dut maintenir dans son indépendance le pays en litige.

Le colonel Herbillon reçut successivement la soumission de toutes les tribus émigrées à la suite d'El-Hasnaouy, et les rétablit sur leurs terrains après leur avoir fait payer l'impôt.

La colonne de Constantine était arrivée au Djebel-Guelb quand on apprit que les Ouled-Siouan étaient à quelques lieues de nous, et qu'on pouvait les enlever.

Le général fit aussitôt monter 300 hommes d'infanterie sur les mulets du convoi, il prit avec lui la cavalerie et courut à l'ennemi. Quelques heures après, les Arabes avaient été atteints; ils étaient battus, dispersés, et laissaient entre nos mains 17,000 moutons, 500 chameaux, 500 bœufs porteurs. Cette expédition fut l'affaire de vingt-quatre heures. Le lendemain, cet immense troupeau partit pour Constantine, sous l'escorte d'un bataillon et d'une partie de la cavalerie. La colonne ensuite continua sa marche sur les Ouled-Yaya-Ben-Thaler, qui, effrayés du malheur arrivé aux Ouled-Siouan, se soumirent sans résistance et payèrent l'impôt.

Jusqu'à cette époque, les Haractas avaient mis beaucoup de lenteur à s'acquitter de leurs contributions; mais, à sa sortie du Dir, le général marcha sur Gourmat, prit les Haractas entre deux feux, et les força de s'acquitter, en quelques jours, des 80,000 francs qu'ils devaient encore.

A la date du 6 juillet, les troupes, moins la colonne

de Guelma, étaient rentrées dans leurs cantonnements sans ramener de malades.

En résumé, et pour nous servir ici des termes mêmes du rapport du général, en date du 30 juin : par des marches, des combats, des fatigues non interrompues, la division de Constantine a soumis, en cinq mois, toutes les montagnes de Collo à la frontière de Tunis ; forcé l'Edough à nous obéir; renversé le seul pouvoir qui dans l'Est ne reconnût pas notre domination ; conquis à la France une grande partie de cette province où nos bases d'opération n'étaient point assises, nos lignes de communication mal assurées, où notre pouvoir était contesté ailleurs que dans un faible rayon autour de Bône, de Constantine et de Sétif.

Les conséquences politiques d'un tel état de choses sont faciles à déduire ; à l'exception des montagnes de Collo, dans lesquelles il faudra retourner encore, mais où nous ne devons pas nous attendre à trouver de sérieuse résistance, les ordres de l'autorité sont exécutés partout sans difficulté. Les impositions en nature et en argent, les amendes pour toute espèce de contraventions se perçoivent sans obstacles. Aujourd'hui nous pouvons porter toutes nos forces d'un point à l'autre de la province sans craindre de révolte; le commerce s'accroît par la sécurité ; le labourage augmente, tout enfin est dans l'état le plus prospère. Par suite de nos expéditions, les revenus fixes de la province se sont accrus de plus de 100,000 francs.

L'Edough doit payer annuellement	25,000 fr.
Les Zerdezas	25,000
Collo en a donné	26,000
Les Hanainchas sont taxés à	50,000
Total	126,000

Assurément un tel résultat compenserait largement les dépenses de la guerre, car les frais de transport dans les expéditions ne sont montés qu'à 130,000 fr., mais il est loin encore d'être complet; le relevé des états, fournis par l'intendance et le domaine, constate qu'en dehors de ces revenus, et par suite de nos conquêtes, il est encore entré pour plus de 865,000 fr., tant en nature qu'en argent, dans les caisses ou les parcs de l'État. Les équipages du train, de l'artillerie, du génie, des corps ont été remontés; nos alliés pour leur part ont reçu plus de 50,000 fr., et pour compléter ce tableau prospère, chaque soldat qui a concouru à ces expéditions a reçu 34 fr. de part de prise, après avoir été nourri presque tout le temps à la double ration de viande.

Nous ne pouvons terminer cet exposé rapide sans rendre un juste et public hommage au dévouement sans bornes des officiers et soldats de la division de Constantine, à leur ardent courage, à leur noble persévérance que le feu de l'ennemi, les plus rudes travaux, la rigueur des saisons, le soleil brûlant du pays, ne peuvent altérer; à l'habile prévoyance de l'administration; au zèle que chacun a déployé dans le cours de ces expéditions. Les soldats en Afrique comprennent toute l'étendue de leur mission; travaux, fatigues, périls, ils offrent tout à la patrie, et puisent dans son souvenir la force de lui faire de nouveaux sacrifices.

Un Officier
de la division de Constantine.

PARIS. — IMPRIMERIE DE BOURGOGNE ET MARTINET, RUE JACOB, 30.